NATIONAL GEOGRAPHIC

Peldaños

Conciencia ECOLÓGICA

T0061124

Portland
Oregón Estados Unidos

por Jennifer Boudart

Portland, Oregón, tiene bastantes bellezas naturales. La ciudad está montada sobre los bancos de dos enormes ríos. Su horizonte presenta un volcán activo. Contiene el bosque urbano más grande de los Estados Unidos. Y está rodeada de millones de acres de bosques y granjas.

El tren ligero y el sistema de autobuses de Portland son dos razones por las que otras ciudades se ponen "verdes" de la envidia.

No smoking beyond this point

Los habitantes de Portland no valoran esta belleza. En 1971, Portland comenzó rápidamente a implementar una nueva ley estatal. A las personas que entregaban botellas de bebidas para **reciclaje,** se les daba un reembolso. Desde entonces, Portland también ha establecido una oficina de urbanismo **sustentable,** o de planificación, que conserva los recursos naturales. La ciudad creó un plan de acción ante el cambio climático para reducir las emisiones de dióxido de carbono. El dióxido de carbono es el principal gas responsable del cambio climático. La ciudad también apoya el alquiler de carros con espacios de estacionamiento reservados. Estos carros se alquilan para hacer viajes cortos dentro de la ciudad. Los habitantes de Portland estuvieron entre los primeros en prohibir las bolsas de compras plásticas. Y la ciudad presta dinero a los propietarios de casas para que hagan mejoras ecológicas a su hogar. Portland está en varias listas de "mejores ciudades" por su calidad de vida. Una gran razón es por sus esfuerzos sustentables en transporte, reciclaje y eficiencia energética.

Construcción ecológica

La ingeniería de la construcción es una gran parte del objetivo de Portland de ser una ciudad ecológica. El Centro de Convenciones de Oregón (OCC, por sus siglas en inglés), es un buen ejemplo. Para ahorrar energía, las salas de reuniones están iluminadas por luz natural, que pasa por ventanas y tragaluces. Los fregaderos y los baños de "flujo bajo" funcionan con menos agua. El OCC compra casi la mitad de su energía a una compañía que usa la energía eólica para producir electricidad. El OCC tiene cubos de reciclado en todos lados. Cuando los eventos incluyen alimentos, los restos de alimentos se colocan en cubos de recolección de compost. Los restos se convierten en fertilizantes para jardinería. El OCC dona los alimentos adicionales a bancos de alimentos

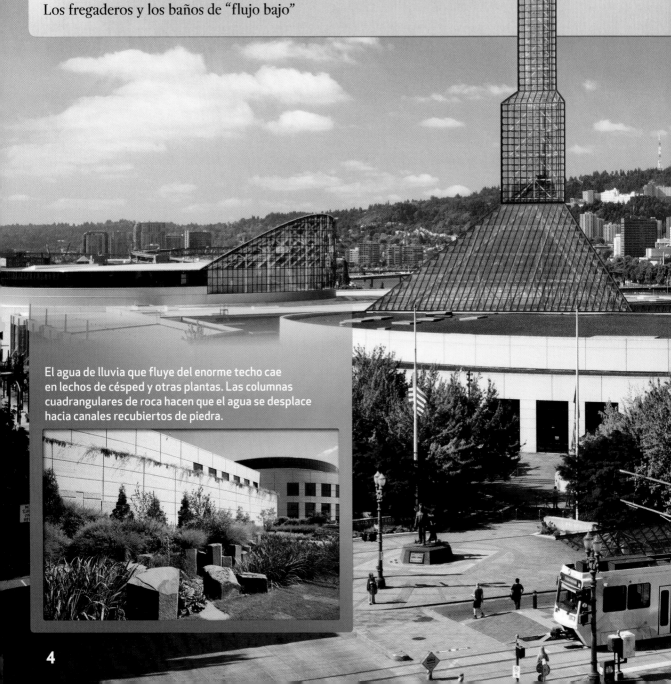

El agua de lluvia que fluye del enorme techo cae en lechos de césped y otras plantas. Las columnas cuadrangulares de roca hacen que el agua se desplace hacia canales recubiertos de piedra.

locales. Su objetivo es algún día reciclar o redistribuir toda su basura para que nada vaya a parar a un vertedero. El agua de lluvia fluye desde el techo del OCC hacia un jardín de lluvia. El jardín tiene un canal que lleva el agua a través del jardín, y plantas de humedal filtran los contaminantes. El agua limpia se libera de a poco desde el jardín hasta los drenajes de aguas pluviales.

El jardín de lluvia ayuda a ahorrar agua y dinero (¡más de $15,000 por año!). Y limpia el agua de manera natural antes de que el agua llegue al sistema de desagüe.

LEED El Centro de Convenciones de Oregón tiene la certificación Edificio LEED Existente. LEED (Liderazgo en Diseño Energético y Ambiental) es un programa internacional que reconoce los edificios ecológicos. Para recibir la certificación LEED, un edificio debe cumplir con estándares muy estrictos de diseño, construcción y operaciones que reduzcan los desechos, conserven la energía y el agua, limiten la contaminación del aire y protejan la tierra.

Los trenes hacen que sea fácil ir al OCC. En un día de semana, más de 200 trenes van y vienen desde allí.

Ecología en movimiento

¿No tienes un carro? ¡No te preocupes! Portland tiene rutas diseñadas para los peatones y los ciclistas. En el centro de la ciudad, las tiendas y los restaurantes están a una corta distancia. O puedes recorrer el centro de la ciudad en transporte público por una tarifa baja. El resultado: menor tráfico, menor contaminación del aire y mayor ahorro de combustible.

El transporte público de Portland incluye autobuses, tren ligero y tranvías. Los autobuses y las paradas de autobús están en todos lados. Los tranvías y el tren ligero van por las calles de la ciudad sobre rieles empotrados en la calzada. El tren ligero también viaja sobre los rieles más allá de la ciudad. Ambos tipos de vehículos funcionan con electricidad.

USA LOS PIES El Parque Tom McCall, frente al río, era antes un tramo de autopista de seis carriles. La autopista se eliminó para darle lugar al parque, el primero de su tipo.

Oregón impulsa el uso de la electricidad para el transporte, y el trazado de Portland se adapta perfectamente. Las bicicletas eléctricas se pueden pedalear o usar con el motor. Son perfectas para ir de la casa o el trabajo al autobús o a la estación de trenes.

Portland fomenta el uso de la energía de los propios pies. Las cuadras de la ciudad son la mitad de largas que las cuadras de ciudad estándares, por lo tanto, solo toma un minuto caminarlas. Portland incluso tiene rutas diseñadas para los que caminan, andan en bicicleta o patinan.

ELIGE UN CARRO GENIAL Portland anima a las personas que conducen a que usen carros eléctricos y otra tecnología automovilística "limpia". Los carros eléctricos se pueden recargar en estaciones que hay en toda la ciudad. No son contaminantes porque no queman combustible.

LLEGA EN BICICLETA Portland tiene más de 320 kilómetros (200 millas) de vías para bicicletas o senderos todo terreno y calles con límites de velocidad reducidos. Los estacionamientos para bicicletas están por toda la ciudad. Unos carteles publicitan las vías por las que se puede andar en bicicleta y las horas para pedalear.

Intercambiar el gris por el verde

Una entidad con base en Portland vuelve verde lo gris, o sea, el hormigón. La entidad sin fines de lucro llamada Depave quita el hormigón de donde realmente no es necesario. Luego llenan esas áreas con plantas nativas, árboles y huertos. Según Depave, el verde vence al gris por unas cuantas razones. En primer lugar, la vegetación natural simplemente luce mejor que el hormigón. En segundo lugar, a las personas les gusta reunirse en espacios verdes y la vida silvestre puede prosperar allí. Y en tercer lugar, los espacios verdes pueden absorber el agua de lluvia, mientras que el hormigón no. El agua de lluvia fluye sobre las superficies de hormigón y recoge contaminantes en el camino. Los contaminantes luego se vierten en arroyos y ríos locales.

Los sitios del proyecto Depave han incluido casas, negocios, iglesias, parques y escuelas. Uno de los lemas de Depave es "¡de estacionamiento a paraíso!". La Escuela Comunitaria Escuela Viva es uno de esos proyectos. Se asoció con Depave en 2011 para desmontar la mitad de su estacionamiento. Los padres, los estudiantes y los maestros ayudaron a crear un bello patio de recreo y huertos de enseñanza. Depave es un gran ejemplo del compromiso de Portland para proteger los recursos naturales. Portland se puede enorgullecer de ser una de las ciudades más sustentables de los Estados Unidos. Brinda a sus residentes aire y agua limpios, espacios abiertos, opciones de energía sustentable y sistemas de transporte ecológicos.

Más de 75 voluntarios trabajaron en el proyecto Depave en la Escuela Comunitaria Escuela Viva. Eliminaron el pavimento de un área del tamaño aproximado de una cancha de baloncesto.

Unos voluntarios desprenden trozos de pavimento para un proyecto de Depave. La mayoría de los proyectos dependen del trabajo voluntario.

Compruébalo ¿Cómo se aplica la palabra *sustentable* a una ciudad como Portland?

CURITIBA

por Jennifer Boudart

Los curitibanos se agrupan en Barigui Park, que ofrece senderos para caminar, deportes al aire libre como el kayak, comer junto al lago y muchas otras actividades.

BRASIL

Desde el cielo, verías que este enorme parque marca el corazón de Curitiba, una ciudad ubicada en el sur de Brasil. Su nombre es Parque Barigui y es uno de los parques más grandes y antiguos de Curitiba. Barigui es solo uno de los más de 40 parques y bosques en Curitiba. Jardines, calles bordeadas con árboles y otros espacios verdes más pequeños están esparcidos por los vecindarios de la ciudad y también los distritos de negocios.

Curitiba está en los primeros puestos de casi cualquier lista de las ciudades más ecológicas. Casi un quinto de la ciudad se ha destinado a espacios verdes. Se suele considerar a Curitiba como la ciudad más ecológica de Brasil. En todo el mundo se la conoce como una ciudad que equilibra las necesidades de las personas y la industria con la necesidad de proteger el medio ambiente.

Curitiba comenzó a preocuparse por la ecología en la década de 1970. En esa época, la ciudad crecía rápidamente. Un grupo de urbanistas innovadores decidió que Curitiba debía ser considerada en cuanto a su crecimiento. El Gobierno de la ciudad fomentó la llegada de negocios a Curitiba, pero solo permitió que se establecieran industrias no contaminantes. A estos negocios también se les exigió que operaran en Ciudad Industrial, una zona cerca de los límites de la ciudad. Los urbanistas también comenzaron a crear parques en toda Curitiba.

Los parques no solo ofrecieron un lugar placentero para visitar, sino que también ayudaron a reducir las inundaciones. Las inundaciones eran un gran problema para la ciudad. Los parques en las áreas bajas se diseñaron con lagos donde se acumulara el agua de las inundaciones de un río cercano. Los parques se construyeron en terrenos que antiguamente eran vertederos y canteras. Los ciudadanos de pocos recursos también se beneficiaron de los proyectos de parques. Muchos de sus hogares estaban en lugares destinados para parques, por lo tanto, el Gobierno de la ciudad ayudó a esas personas a mudarse a mejores casas.

Los Jardines Botánicos de Curitiba se encuentran en lo que solía ser un vertedero.

Las iniciativas ecológicas también emergieron en una escala menor. La ciudad ofrecía rebajas impositivas a los negocios y a los propietarios de viviendas que acordaran preservar porciones de su propiedad como espacios verdes. Se reclutó a ciudadanos de Curitiba para que plantaran árboles y flores junto a las calles y a las autopistas. ¡En los últimos años, se han plantado más de 1.5 millones de árboles en Curitiba!

¡Las ovejas han reemplazado a las cortadoras de césped en los parques de la ciudad! Aquí mordisquean el césped en el Parque Saõ Lourenço. El parque, que se construyó en 1972, restableció terrenos que anteriormente se inundaban con frecuencia.

Traslado ecológico

El sistema de autobuses de Curitiba también es un buen ejemplo de planificación urbana ecológica. En la década de 1970, el Gobierno de la ciudad quería instalar el transporte público, pero carecía de tiempo y dinero para hacer un sistema de transporte subterráneo. Entonces, convirtieron un número de calles en caminos exclusivos para autobuses. Autobuses más pequeños recogen pasajeros en vecindarios y los trasladan a autobuses más grandes en las rutas de autobuses. Los terrenos junto a las rutas de autobuses están bordeados con negocios a dos cuadras de ambos costados de la calle, para que los trabajadores viajen en ambas direcciones durante las horas pico. Con menos tráfico, los traslados son más fáciles. Un autobús hecho a medida puede llevar hasta 270 pasajeros. Este autobús se extiende casi 30 metros (90 pies) y se articula en dos partes para doblar las esquinas.

UN SISTEMA DE AUTOBUSES MODELO

Los autobuses de la ciudad alivian los tiempos de viaje de más del 70 por ciento de los pasajeros de Curitiba. Quien pierde un autobús solo espera un minuto o un poco más hasta que viene el siguiente.

También se suele viajar a pie. Curitiba creó su primera calle peatonal en 1972. Seis cuadras de la calle "15 de noviembre" se cerraron a los automóviles. Los trabajadores repavimentaron las calles e instalaron bancos, faroles y macetas llenas de flores. Al principio, a los comerciantes les preocupó que nadie fuera a comprarles si no podían pasar por allí en carro. ¡Pero muy pronto las tiendas estaban llenas de personas!

Luego un club de automóviles amenazó con volver a tomar la calle para sus carros. Para sorpresa de los conductores, un grupo de niños les salió al encuentro. Los obreros municipales habían desplegado largas hojas de papel en la calle. Los niños pintaban dibujos. La calle se convirtió en la *Rua das Flores* o Calle de las Flores. En la actualidad, unas 20 cuadras están cerradas al tránsito.

UNA CELEBRACIÓN SABATINA

Todos los sábados, los niños vienen al centro de la ciudad al área peatonal para pintar, como lo hicieron en 1972. Algunos quizá sean hijos o nietos de aquellos que obstruyeron a los carros.

Comerciar con la basura

La recolección de la basura es un problema en Curitiba. En primer lugar, la ciudad tiene un solo vertedero. En segundo lugar, sus camiones de basura no caben en algunas de las calles de los vecindarios de bajos ingresos. Curitiba sabía que la solución estaba en la participación de todos.

En 1989, la ciudad lanzó un programa de **reciclaje** llamado "Basura que no es basura". La ciudad estableció un centro de reciclaje para clasificar materiales reciclables y desechos **orgánicos** o basados en alimentos. Coloridos personajes de dibujos animados que representan diferentes tipos de materiales reciclables educaban a los niños sobre la importancia del reciclaje. Los cubos de recolección tenían el mismo color que los personajes, lo que reforzaba el mensaje. Las personas ganaban dinero recogiendo la basura en estos cubos y transportándola al centro de procesamiento. En la actualidad, Curitiba afirma que tiene la tasa de reciclaje más alta de cualquier ciudad del mundo.

Câmbio Verde, el programa de Intercambio Ecológico, y *Compra do Lixo,* el programa de Compra de Basura, son programas de reciclaje efectivos en Curitiba. Hacen que los residentes de pocos recursos participen en el programa de reciclaje de la ciudad al pedirles que transporten la basura de sus vecindarios, que no son accesibles para los camiones de basura.

Según lo que llevan, intercambian su basura por efectivo, alimentos, boletos de autobús, mercadería y servicios. Su estilo de vida mejora y la ciudad puede disponer mejor de su basura. Además, menos desechos terminan en un vertedero. Estos programas son una manera en la que Curitiba se ha vuelto creativa como ciudad ecológica. Esto muestra cómo la participación de todos puede hacer que una vida ecológica sea posible y práctica.

INDICACIONES EN COLORES

Los cubos son de los mismos colores en toda Curitiba. El rojo es para los plásticos. El azul es para el papel. El amarillo es para el metal. El verde es para el vidrio. El negro es para los desechos alimenticios.

RESPETO POR EL RECICLAJE

Todos son conscientes de la importancia del reciclaje. Por lo tanto, las personas que recolectan y reciclan basura ganan respeto, así como productos necesarios.

RECOMPENSAR LAS ACCIONES ECOLÓGICAS

Las niñas eligen vegetales verdes frescos. Reciben los vegetales como pago por sus esfuerzos ecológicos de reciclaje.

Compruébalo ¿Qué acción ecológica crees que fue la más inteligente? ¿Por qué?

Friburgo, Alemania

por Judy Elgin Jensen

Muchos edificios en Friburgo están coronados con una cuadrícula de paneles solares oscuros y brillantes como los que se muestran aquí.

El sol brilla en Friburgo unas 1,800 horas por año, lo que hace que sea la ciudad más soleada de Alemania. Una abundante luz solar hace más que ayudar a las plantas a crecer en Friburgo. Promueve un estilo de vida para las 230,000 personas que viven aquí.

Friburgo es una de las líderes mundiales en el uso de la energía solar. Este es el proceso mediante el que la energía del sol se convierte en calor o electricidad. La energía solar se considera una tecnología ecológica porque es un **recurso renovable,** o que no se agota. La energía, además, no es contaminante. Cientos de edificios de Friburgo se abastecen con energía solar gracias a los paneles solares en sus techos o paredes.

Conocida en todo el mundo como la "Ciudad solar", Friburgo es un destino para las personas ecológicas. Friburgo ofrece paseos solares que guían a los visitantes a edificios solares famosos. Por ejemplo, la estación de tren tiene una torre solar alta y su costado sur está cubierto por 240 paneles solares. Los parquímetros funcionan con energía solar y también las piscinas para calentar el agua. El Gobierno trabaja para hacer que la energía solar sea lo más económica posible y así ayudar a aumentar el uso de la energía renovable. Además, los propietarios de casas y negocios que producen con sus paneles solares más electricidad de la que consumen, obtienen créditos de la compañía eléctrica de la ciudad.

Luz solar ecológica

El distrito Vauban en Friburgo tiene una historia de eficacia solar. A mediados de la década de 1990, la ciudad compró esta zona y comenzó a construir casas que economizan energía eléctrica. Las casas están construidas para cumplir estándares estrictos de uso de energía. Un vecindario, llamado Poblado Solar, cuenta con 59 casas equipadas con techos solares. Las casas se construyeron con materiales naturales, ventanas que dan al Sur para maximizar la luz solar y aberturas que hacen circular el aire para controlar la temperatura. Estas casas se llaman casas "más-energía" porque producen más energía de la que usan. La ciudad da créditos por la electricidad adicional.

El centro comunitario *Sonnenschiff*, o Barco Solar, del Poblado Solar está cerca.

Rolf Disch es un arquitecto que se especializa en construir casas que se abastecen con energía solar. Disch diseñó las casas del Poblado Solar.

Tiene oficinas, espacio para viviendas y tiendas. El Barco Solar además es un edificio más-energía.

Unos cuantos edificios en Vauban son particularmente vistosos. Uno, llamado Casa Heliotropo, tiene forma de cilindro y paneles en el techo. Una mitad del edificio está completamente cubierta con ventanas.

La casa completa está fija en un poste central que la hace girar. Esto permite que la casa gire en círculo, de modo que pueda seguir al sol durante el día. La Casa Heliotropo fue la primera casa más-energía en Alemania.

Gran cantidad de ventanas, paneles de colores y techos con ángulo inclinado hacen que el Barco Solar parezca un barco divertido.

Ciencia solar

Como toda la energía luminosa, la luz solar viaja en línea recta. Los edificios en Friburgo aprovechan la energía de la luz solar que pasa por las ventanas y calienta naturalmente los espacios interiores de una casa. Esta energía del calor se llama **energía térmica.** La energía del sol también se puede recolectar con paneles solares, que convierten esa energía directamente en electricidad. Este proceso se llama efecto fotovoltaico. *Foto* significa "luz" y *voltaico* significa "eléctrico". Los paneles solares están hechos de celdas solares más pequeñas. Una celda solar contiene material que es sensible a la luz solar. Responde produciendo electricidad. Los cables que están adheridos a la celda llevan la electricidad hacia donde se la necesita.

Los paneles solares suspendidos sobre el andén del tren ofrecen tanto energía como sombra.

Una sola celda solar puede producir suficiente electricidad para hacer funcionar un reloj. Cuando se necesita más energía, se colocan múltiples celdas en un solo panel solar. Y múltiples paneles solares se pueden colocar en grupos llamados serie. Friburgo ha sido eficiente en el uso de la energía solar debido a su soleada ubicación, leyes que limitan los costos de la energía solar y una comunidad comprometida con una vida ecológica.

⌄ Muchas compañías que participan en la energía solar tienen oficinas en Friburgo. Aquí, una empleada de una compañía local de paneles solares trabaja con celdas solares.

Trabajadores instalan paneles solares en un techo.

Compruébalo ¿Qué ha hecho que la energía solar sea eficiente en Friburgo?

Reikiavik Islandia

por Judy Elgin Jensen

El géiser Strokkur erupciona cada unos 8 minutos. Dispara agua hasta una altura de 20 metros (65 pies).

Islandia. Solo pronunciarlo te hace dar ganas de temblar. El áspero país azotado por el viento está cubierto parcialmente con capas gruesas de hielo llamadas glaciares, que se derriten y forman ríos de agua helada. Pero la capital de la nación, Reikiavik, es un tema candente en el mundo de la energía ecológica. Todo se debe a la geología particular de esta isla nación. Mientras que las características gélidas dan a Islandia su nombre, lo que hay debajo es una historia completamente distinta.

Los 35 volcanes activos de Islandia están avivados por la **energía geotérmica** o calor de las profundidades de la Tierra. La energía geotérmica calienta la roca subterránea y el agua que está atrapada dentro de ella. El agua hierve y se convierte en vapor cuando se calienta demasiado. A veces, el agua se desplaza a la superficie y forma aguas termales o géiseres. La energía en esta agua muy caliente se puede usar para generar calor y electricidad.

La electricidad también se puede generar a partir de la energía que se mueve en el agua. Cerca del diez por ciento de Islandia está cubierta con glaciares. A medida que los glaciares se derriten lentamente, sus aguas nutren los ríos de la nación. El agua que fluye de los ríos se usa luego para generar electricidad. El agua caliente y helada ha hecho a Reikiavik famosa por lo limpia o ecológica que es su energía.

Unas aguas termales llamadas Blesi forman esta pileta y la de arriba. Esta es azul brillante y caliente. Está a unos 45 °C (aproximadamente 115 °F). ¡La más lejana es casi transparente y hierve! Está a unos 100 °C (212 °F).

∧ Una central geotérmica

∧ Una central hidroeléctrica

Como capital, Reikiavik puede parecer pequeña, con su población de unos 120,000 habitantes. Aún así, más de dos tercios de la población de la isla de 320,000 habitantes vive en Reikiavik o sus alrededores. En la ciudad se usa el agua caliente y fría para generar grandes cantidades de calor y electricidad. Estas fuentes de energía son **recursos renovables,** o recursos que no se agotan. También son limpios porque no requieren que se queme combustible fósil alguno. Así lo logran.

En las centrales geotérmicas se usan los pozos para extraer agua caliente y vapor de debajo de la tierra. El vapor se usa para hacer girar las aspas de una turbina que está conectada a un generador. El generador produce electricidad y unos cables llevan la electricidad adonde se la necesita. El agua caliente también se puede transportar por tubería a los hogares, a los negocios y bajo las calles para calefaccionar.

Unas presas bloquean los ríos para crear embalses de agua. En el fondo de los diques se abren luego unas compuertas que envían agua a través de una tubería larga. El agua pasa por una turbina y la hace girar en el proceso. La turbina está conectada a un generador que produce **energía hidroeléctrica,** o energía del agua en movimiento. Las presas hidroeléctricas suministran casi el 80 por ciento de la electricidad de Islandia.

En Islandia se han usado estas fuentes de energía limpia por 50 años. En la actualidad, en el país casi no se usan combustibles fósiles para generar energía para calor y electricidad. Ninguna otra nación ha logrado esto.

Una vista de Reikiavik desde el Hallgrimskirkja, el sexto edificio más alto de Islandia.

El movimiento ecológico

Reikiavik ha sido eficiente en el uso de fuentes de energía limpias para satisfacer sus necesidades de calor y electricidad. Pero un plan del Gobierno llamado Moldear Reikiavik apunta a hacer que Reikiavik también sea una comunidad ecológica en otro sentidos. El plan anima a los ciudadanos a que desarrollen más hábitos de transporte ecológicos, aborden problemas ambientales y conserven los recursos naturales.

CALLEJONES ALTERNATIVOS

Reikiavik espera hacer que más personas caminen, anden en bicicleta y usen autobuses. La ciudad planea establecer más senderos para bicicletas y peatones.

VEGETALES EN INVIERNO

En Reikiavik se usa la energía geotérmica para calefaccionar los invernaderos en invierno. La ciudad puede producir más alimentos localmente al cultivarlos bajo techo. La electricidad hace funcionar la iluminación interna para que las plantas puedan crecer en la oscuridad de los meses de invierno.

RUEDAS ALTERNATIVAS

En invierno, más de la mitad de los carros del área andan con ruedas con tachuelas. Esto evita que se deslicen en el hielo. Pero las tachuelas rasgan los caminos y liberan pequeñas partículas en el aire. Esto produce contaminación. Reikiavik planea colocar sistemas que calienten los caminos en invierno. Esto mantendrá los caminos sin hielo. De esa manera, los conductores no necesitarán usar ruedas con tachuelas que muelen los caminos.

CAPACITACIÓN ECOLÓGICA

Reikiavik quiere que los ciudadanos participen en la protección del medio ambiente. La Escuela de Trabajo Municipal ofrece trabajos ecológicos y capacitación a adolescentes durante el verano.

Encontrar mejores combustibles

Reikiavik busca maneras de usar menos gasolina para hacer andar sus carros, autobuses, camiones y barcos. Importar gasolina es caro, por lo tanto, la ciudad quiere usar combustibles que pueda producir localmente. Muchos de los combustibles alternativos que se prueban en Reikiavik contaminan muy poco y otros aprovechan los recursos renovables. Como resultado, Reikiavik suele ser un terreno de pruebas de vehículos que andan con combustibles alternativos y sede de conferencias sobre tecnología de combustibles alternativos. ¡Grandes cosas suceden con la tecnología ecológica en esta pequeña ciudad!

Gas metano

El metano se libera naturalmente cuando la basura se descompone en un vertedero. El gas es difícil de recolectar. En 2003, Reikiavik comenzó a usar instalaciones de tratamiento como esta. Aquí, el gas que se recolecta en los vertederos se convierte en combustible para carros y camiones. En la actualidad, muchos vehículos municipales funcionan con combustible producido a partir de gas metano. Este gas es una forma de energía ecológica porque antiguamente era un producto de desecho que ahora tiene una utilidad.

Fardos de basura preparados para el vertedero.

Hidrógeno

El gas hidrógeno es un gas que se produce con agua y electricidad. Este gas no emite ningún contaminante dañino. Desde 2003, la ciudad ha experimentado con el uso de hidrógeno para hacer funcionar autobuses, carros e incluso barcos de observación de ballenas. El hombre de la foto llena un autobús con combustible hidrógeno. Reikiavik espera usar más combustible hidrógeno en el futuro cuando la fabricación de carros y la construcción de estaciones de llenado sean menos caras.

Electricidad

Reikiavik es capaz de producir electricidad de fuentes limpias y renovables, por lo tanto, usar electricidad para hacer funcionar carros es una combinación perfecta. Reikiavik recientemente aprobó una ley que eliminaba algunos impuestos sobre los carros eléctricos. Los carteles muestran a los conductores dónde pueden enchufar sus carros cuando los carros necesitan más electricidad.

Compruébalo ¿Cuáles son algunas de las alternativas ecológicas que se usan en Reikiavik?

Comenta

1. ¿Qué conexiones puedes establecer entre las cuatro lecturas de *Conciencia ecológica*?

2. Compara y contrasta los medios de transporte ecológicos en las cuatro ciudades de este libro. ¿Qué tipo de transporte tiene más sentido para ti? ¿Por qué?

3. Cita tres ejemplos de métodos ecológicos que usan las ciudades o las personas que te parezcan sorprendentes. Explica por qué.

4. ¿Cuáles son algunos de los puntos fundamentales que puedes usar de las cuatro lecturas para persuadir a los demás de la necesidad de métodos de construcción ecológicos o medios de transporte ecológicos?

5. ¿Qué te sigues preguntando sobre la vida sustentable o ecológica? ¿Qué investigación podrías hacer para hallar más información?

Glosario

energía geotérmica (sustantivo) energía calórica del interior de la Tierra, pág. 25

energía hidroeléctrica (sustantivo) electricidad que se produce por el movimiento del agua, pág. 27

energía térmica (sustantivo) energía del calor, pág. 22

orgánico (adjetivo) hecho de materia viva, pág. 16

reciclaje (sustantivo) uso de materiales de un objeto viejo para hacer un objeto nuevo, págs. 3, 16

recurso renovable (sustantivo) recurso que siempre se restablece y no se agotará, págs. 19, 27

sustentable (adjetivo) que se conserva para mantener un equilibrio en la naturaleza, pág. 3

Content Consultants

Judith S. Lederman, Ph.D., Associate Professor and Director of Teacher Education, Illinois Institute of Technology

Randy L. Bell, Ph.D., Associate Dean and Professor, Oregon State University

Kathy Cabe Trundle, Ph.D., Associate Professor of Early Childhood Science Education, The Ohio State University

NATIONAL GEOGRAPHIC   Ciencias

Peldaños

Ciencias físicas • El hundimiento del Titanic • El océano del mundo • La montaña salvaje • Conciencia ecológica

Ciencias de la Tierra • Badlands desaparece • Poner en marcha • El clima loco de la Tierra • Explorar arriba y más allá

Ciencias de la vida • ¡Enjambre! • Las islas Galápagos • La sabana africana • El explorador Zoltan Takacs: La naturaleza tiene las respuestas

Acknowledgments

Grateful acknowledgment is given to the authors, artists, photographers, museums, publishers, and agents for permission to reprint copyrighted material. Every effort has been made to secure the appropriate permission. If any omissions have been made or if corrections are required, please contact the Publisher.

Lexile®, Lexile Framework® and the Lexile® logo are trademarks of MetaMetrics, Inc., and are registered in the United States and abroad.

Credits
Wrap Cover, Title Page ©Diane Cook & Len Jenshel/National Geographic Stock. **Front Cover** (bl) ©Craig Tuttle/Corbis. (cl) ©Marcelo Rudini/Alamy. (br) ©Bertrand Rieger/Hemis/Corbis. (cr) ©Caro/Alamy. **Back Cover** ©Craig Tuttle/Corbis. **2** (bg) ©Andre Jenny Stock Connection Worldwide/Newscom. **4** (bg) ©Craig Tuttle/Corbis. (bl) ©Art on File/Corbis. **6** (l) ©Rich Iwasaki/Stone/Getty Images. (r) ©Rick Bowmer/AP Images. **7** (r) ©Rick Bowmer/AP Images. **8** (r) ©Ken Hawkins/ZUMA Press/Newscom. (l) ©Siede Preis/Digital Vision/Getty Images. **9** (t) ©Ken Hawkins/ZUMA Press/Newscom. (r) ©Matthew Ward/Dorling Kindersley/Getty Images. **10** (bg) ©Marcelo Rudini/Alamy. **12** (bg) ©DircinhaSW/Flickr/Getty Images. **13** (t) ©Daniel Castellano/ZUMAPRESS/Newscom. **14** ©Carlos Cazalis/Corbis. **15** ©RFR/Alamy. **16** (b) ©Zoran Milich/age fotostock. (t) ©Fuse/Getty Images. **17** (b) ©Marion Kaplan/Alamy. (t) ©Francois Ancellet/Gamma-Rapho/Getty Images. **18** ©Caro/Alamy. **20** (bg) ©Hemis/Alamy. (cl) ©Adam Berry/Bloomberg/Getty Images. **22** (bg) ©Daniel Schoenen/imagebroker/Corbis. (l) ©Daniel Schoenen/imagebroker/age fotostock. **23** (r) © Caro/Alamy. **24** (bg) ©Sebastian Wasek/Alamy. **26** (bg) ©Bertrand Rieger/Hemis/Corbis. (tl) ©ARCTIC IMAGES/Alamy. (cl) ©Christian Handl Image Broker/Newscom. **28** (l) ©LatitudeStock/Patrick Ford/Gallo Images/Getty Images. (r) ©Emory Kristof/National Geographic Stock. **29** (l) (r) ©Mbl/Nordic Photos/age fotostock. **30** (r) (l) ©UPPA/ZUMApress/Newscom. **31** (l) ©Chinzia D"Ambrosi/UPPA/ZUMAPRESS/Newscom. (r) ©Robert Preston Photography/Alamy. **32** (t) ©Bertrand Rieger/Hemis/Corbis. (r) ©Marcelo Rudini/Alamy. (l) ©Craig Tuttle/Corbis. (c) ©Caro/Alamy. All maps provided by Mapping Specialists.

Copyright © 2015 National Geographic Learning, Cengage Learning

For permission to use material from this text or product, submit all requests online at cengage.com/permissions

Further permissions questions can be emailed to permissionrequest@cengage.com

Visit National Geographic Learning online at NGL.Cengage.com
Visit our corporate website at cengage.com

Printed in the USA.

RR Donnelley, Menasha, WI

ISBN: 978-12858-6392-4

14 15 16 17 18 19 20 21 22 23

10 9 8 7 6 5 4 3 2 1

11111

NATIONAL
GEOGRAPHIC

Peldaños

870L

NGL.Cengage.com   888-915-3276

ISBN 978-1-2858-6392-4

90000

9 781285 863924

NATIONAL
GEOGRAPHIC
LEARNING

CENGAGE
Learning®

NATIONAL GEOGRAPHIC

Ladders

STEM

Explorer Tim Samaras

TORNADOES

Twister

**Eyewitness to
a Tornado**

**Tim Samaras, Severe
Storms Researcher**

**Tim's Tips for
Staying Safe**

Tim Samaras (1957–2013)

National Geographic Explorer and Severe Storms Researcher

Every day, National Geographic explorers, researchers, filmmakers, photographers, and scientists put themselves in harm's way to learn more about the world that we live in. Tim Samaras was no different. On May 31, 2013 Tim Samaras, his son Paul, and his research partner Carl Young were killed when their car took a direct hit from the two-and-a-half-mile-wide El Reno, Oklahoma tornado. All three were collecting scientific data that day about this huge storm that was racing through Tornado Alley.

For over 25 years as a severe storms researcher, Tim tracked and chased tornadoes. Tim didn't do this work just for the thrill of it. He did this work to learn all he could about these violent storms. He did this work to protect you from the great harm tornadoes can do.

Tim believed that if he could learn more, then maybe he could help improve our tornado early warning systems. Every minute of advanced warning before a tornado strikes can save lives. That is why Tim chased tornadoes, to study, to learn, to protect.

To those of us at National Geographic Learning, Tim was much more than a scientist helping us tell you the story of tornadoes. Tim was a very good friend. Like all good friends, Tim would tell us stories of his adventures, would talk to us about his goals and dreams. It was a privilege to be part of Tim's life.

Before his death, Tim helped us write this book that you are about to read. The last selection on tornado safety was especially important to Tim. He told us that he had learned so much about how to keep you safe in a tornado and he wanted to share that information with you.

So as you read this book, please think of Tim, Paul, and Carl. Remember the other National Geographic explorers who go out into the field every day to make our world a better, happier, safer place to live.

To Tim's family, we dedicate this book to Tim's memory, a National Geographic Explorer and a friend.

On the cover: Using a camera Tim Samaras designed himself and nicknamed the "Big Kahuna," Tim captures split-second images of lightning during a storm.

NATIONAL
GEOGRAPHIC

Ladders

Explorer Tim Samaras

TORNADOES

TWISTER

by Christopher Siegel

> **DO YOU GO TO A WINDOW WHEN YOU HEAR A CLAP OF THUNDER, OR POUNDING RAIN, OR SEE A STREAK OF LIGHTNING IN THE SKY? ME TOO. EXCEPT I TAKE MY CURIOSITY A LITTLE BIT FURTHER. I GO OUT AND CHASE THE BIGGEST STORMS I CAN FIND.**

The quote above was from Tim Samaras. Tim's curiosity led him to follow some of the worst storms and tornadoes in recent history. He spent over half his life running into the path of tornadoes. He placed research tools in the right places to gather information. He fought powerful winds and rain, chunks of hail, and the scary noise of a racing tornado. He even saw a community destroyed. Tim was a severe storms researcher and a National Geographic Explorer.

Tim put himself in harm's way for science. His goal was to answer questions that will help people better prepare for tornadoes.

TIM SAMARAS was the lead TWISTEX, or Tactical Weather Instrumented Sampling in or near Tornadoes Experiment. He used Science, technology, engineering, and math skills to research tornadoes. Tim hoped that by better understanding tornadoes he could make more accurate predictions and help people prepare for when a tornado strikes.

Tornadoes are some of the most violent storms. They often form from powerful thunderstorms. They can create massive damage.

HOW A TORNADO FORMS

Tornadoes are funnel-shaped clouds of spinning, rising air. They form when warm, wet air quickly rises from the ground. This is called an **updraft.** At the same time, a powerful **downdraft** of cooler air pushes rain and hail to the ground. The warm air and cool air wrap around each other. This creates a swirling funnel of air. The tornado forms when the spinning funnel of air touches the ground.

1.

Warm and cold air usually move in different directions and at different speeds. When they come together, a horizontal tube of air begins to spin.

2.

The spinning tube of air begins to tilt upright. The warm air begins to move upward in an updraft. The cooler air flows down in a downdraft. It usually brings rain and hail.

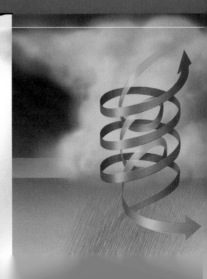

3.

The warm and cold air currents continue to spiral. The rotating winds create a funnel shape. The spiraling funnel becomes a tornado when it touches the ground. The funnel shape can be seen when the tornado picks up debris from the ground.

TORNADO TYPES

All tornadoes have one common characteristic. They are visible to us as funnels that carry debris, water, or other material picked up from where they touched down. The type of debris and material taken up by the tornadoes gives the funnel clouds different colors and shapes. Here are some different tornadoes.

SUPERCELL: This powerful tornado comes out of a **supercell** thunderstorm. The funnel that touches down is often wedge-shaped. Supercells can stay on the ground for a long time and often cause a lot of damage.

WATERSPOUT: A waterspout forms over the surface of a body of water. Waterspouts are usually less powerful and cause less damage than other tornadoes since they occur over water. Waterspouts usually break up once they reach land. However, if they move inland, they can cause a lot of damage and injuries.

FIRE WHIRL: Fire whirls, or fire devils, can form over a forest fire or volcanic eruption. Fire whirls are rotating columns of smoke and fire.

TORNADO ALLEY

More tornadoes touch down in the United States than any other place in the world. Tornadoes can happen anywhere in the U.S., but they are most likely to occur in an area of the central U.S. known as Tornado Alley. The physical geography and environment of Tornado Alley provide the perfect conditions for tornadoes to form.

Tornadoes occur when warm air from the Gulf of Mexico moves north over Tornado Alley. At the same time, cold air from the Rocky Mountains blows south into the area. When the warm and cold air meet, the **atmosphere** becomes unstable. The atmosphere is the layer of air and other gases above Earth. Storm clouds form and the sky darkens. The wind blows stronger. Then hail and rain beat down. The growing storm could easily turn into a tornado.

A TORNADO IN OKLAHOMA ONCE DESTROYED A MOTEL. PEOPLE LATER FOUND THE MOTEL'S SIGN IN ARKANSAS.

IN 1928, A TORNADO IN KANSAS PLUCKED THE FEATHERS RIGHT OFF SOME CHICKENS.

IN 1931, A TORNADO LIFTED A TRAIN AND TOSSED IT 24 METERS (80 FEET) FROM THE TRACK.

FORKS HAVE BEEN PICKED UP DURING TORNADOES AND EMBEDDED IN TREE TRUNKS.

MINNESOTA

SOUTH DAKOTA

IOWA

NEBRASKA

MOUNTAINS

COLORADO

KANSAS

MISSOURI

ARKANSAS

OKLAHOMA

TEXAS

Tornado Alley

N
W E
S

GULF OF MEXICO

TEXAS AND OKLAHOMA HAVE MORE TORNADOES THAN ANY OTHER STATE.

TORNADO RATINGS

The most violent tornadoes have wind speeds over 322 kilometers per hour (200 miles per hour). They can destroy large buildings, uproot trees, and throw vehicles hundreds of meters.

Scientists and engineers categorize tornadoes using the Enhanced Fujita (EF) Tornado Intensity Scale. Ratings are from EF0 to EF5. The ratings scale is based on the **velocity**, or the speed and direction of the wind, and the kind of damage that occurs.

EF 0
WIND SPEED:
137 km/h (85 mph) or less

LIGHT DAMAGE: small tree branches broken; minor damage to the roofs of houses

EF 1
WIND SPEED:
138–178 km/h (86–110 mph)

MODERATE DAMAGE: windows broken; mobile homes pushed off their bases or flipped over; trees uprooted

EF 2
WIND SPEED:
179–218 km/h (111–135 mph)

CONSIDERABLE DAMAGE: pieces of roof ripped off houses and other buildings; mobile homes destroyed; wooden electrical poles broken

EF 3

WIND SPEED: 219–266 km/h (136–165 mph)

SEVERE DAMAGE: walls of houses, schools, and malls toppled; steel electrical poles bent or broken

EF 4

WIND SPEED: 267–322 km/h (166–200 mph)

DEVASTATING DAMAGE: houses destroyed; large sections of schools, malls, and other large buildings damaged

EF 5

WIND SPEED: over 322 km/h (200 mph)

INCREDIBLE DAMAGE: schools, malls, high-rise buildings, and other large buildings destroyed

ENHANCED FUJITA (EF)

Tetsuya Theodore Fujita was born in Japan where tornadoes rarely form. Fujita, or "Mr. Tornado," is thought to be one of the world's most famous tornado experts. Fujita originally developed a system in which tornado ratings were only based on the damage that occurred. Later tornado researchers added wind speed to the scale. Fujita's name is used in rating a tornado. "EF" stands for "Enhanced Fujita."

EYEWITNESS TO A Tornad

Compiled by Lara Winegar

On Sunday, May 22, 2011, the Tactical Weather Instrumented Sampling in or near Tornadoes Experiment (TWISTEX) team was chasing a severe thunderstorm just south of Joplin, Missouri. Soon a tornado descended from the **supercell** and was plowing through Joplin. It was one of the deadliest tornadoes to hit the United States in decades.

"The supercell I saw moving across the sky was enormous, and I knew this was a dangerous storm. As the team and I jumped into action to deploy our instruments, I hoped that people in the nearby areas were taking shelter. We sure did, as soon as we possibly could. What follows are some stories from people who experienced this storm."

TIM SAMARAS

Tim Samaras prepares his research equipment before leaving on a storm chase.

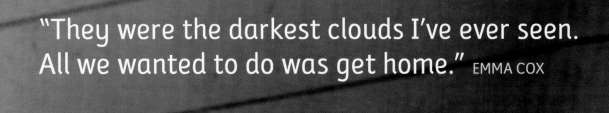

"They were the darkest clouds I've ever seen. All we wanted to do was get home." EMMA COX

Emma Cox

Emma Cox, 17, and her older brother were driving home from his high school graduation. She looked out the windshield and saw low-hanging clouds. She heard tornado sirens whining. Rain beat on the windows and wind rocked the car. Emma and her brother couldn't see anything, not even the brake lights of cars in front of them. She cracked her window open. They heard a spooky whistling sound.

"We didn't realize it at the time," she says, **"BUT IT WAS THE TRAIN WHISTLE SOUND THAT EVERYONE SAYS YOU HEAR IN A TORNADO."**

"I started hearing that sound (like a train) and feeling the pressure change." KURTIS COX

Kurtis Cox

Kurtis Cox and his family had been celebrating his son's graduation when he saw threatening clouds. The family reached their basement just as the tornado hit.

"I JUST TOOK A LOOK AND SOMETHING JUST DIDN'T LOOK RIGHT," Cox said of the sky. "I could tell that there was something going on. I started hearing that sound (like a train) and feeling the pressure change."

"It seemed like it took forever for it to pass, and we could hear glass breaking and things hitting the house," he said. "When it was over, our basement was pretty much intact. Obviously when we got upstairs, it was a big shock."

Terrla Cruse

Terrla Cruse was at home when the **tornado warning** sirens sounded. Most of the family got to the basement just before the tornado hit. They heard the roar and felt their house shake under the tornado's wrath. The Cruse family's home was destroyed. "Everything was gone," said Cruse, "our house, the whole neighborhood, just gone." Their 13-year-old cat, Lavern, was also missing.

For several days they searched through the rubble of their home. They hoped to recover some of their belongings and maybe find Lavern. "We decided to go back one more time," said Cruse. Suddenly, she heard meowing under the debris and began digging. When she saw Lavern, "It was shock and happiness." Lavern was thin and thirsty, but alive.

∧ Terrla Cruse is overjoyed after discovering her cat, Lavern, is alive after being trapped for 16 days in the rubble.

∨ The front stairs are the only part of the Cruse home intact after the tornado.

Rebuilding Joplin

"We only had to use it once, but it saved our lives." SHIRLEY CONNER

Don and Shirley Conner stand next to their storm shelter.

Shirley and Don Conner

"THESE WERE THE HOMES OF OUR NEIGHBORS AND OUR FRIENDS. WE LOST SOME GOOD NEIGHBORS," Shirley Conner said.

Shirley and her husband, Don, survived the storm by seeking shelter in a small crawlspace they had built under their bedroom. Most of the homes in Joplin don't have basements. Basements are expensive and difficult to build in Joplin because the ground is wet and rocky.

Much of Joplin had to be rebuilt after the tornado. Basements and storm shelters are now being built to protect people in future tornadoes. These shelters can even be closets built with reinforced steel walls and doors. Storm shelters are designed to withstand strong winds and flying debris that can cause damage or injury during a tornado.

This community experienced a lot of sadness because of this tragedy, but the people in Joplin are planning for the future. More storm shelters are being built and emergency plans are being made. The next time the severe weather warnings are issued, the people of Joplin will be ready.

∧ Tornado damage is evident immediately after the tornado (top photo). Progress in clean up and repair is evident in the same place a few weeks later (lower photo).

∨ One year after the tornado, the area below looks much different from May 23, 2011.

Roll Off Service

Check In What are some things you could do to prepare for a tornado?

Read to find out about Tim Samaras's tornado research.

TIM SAMARAS
SEVERE STORMS RESEARCHER

by Christopher Siegel

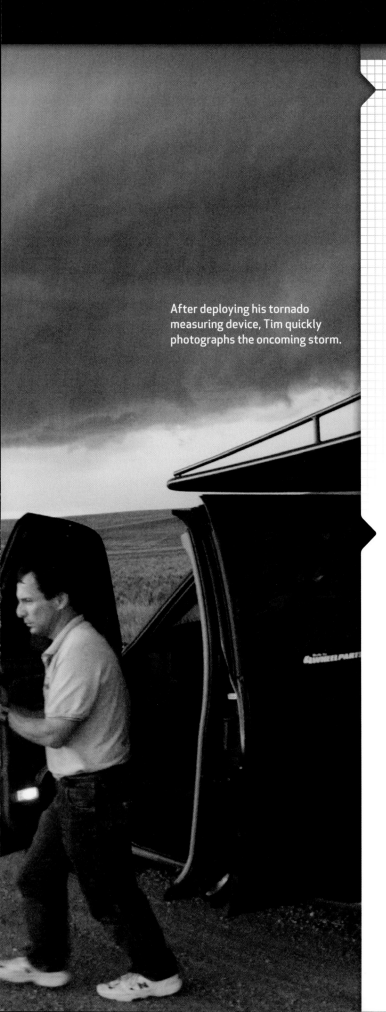

After deploying his tornado measuring device, Tim quickly photographs the oncoming storm.

"We thought we were following the storm. But then, when we looked up... we saw that the storm was headed straight for us! Talk about motivation! There is nothing more motivating to get up and go than the deadly force of a tornado headed straight for you! We moved faster that day than ever before!"

TIM SAMARAS, SEVERE STORMS RESEARCHER AND NATIONAL GEOGRAPHIC EXPLORER

Tim Samaras chased storms. Sometimes the storms chased him! Tim and the Tactical Weather Instrumented Sampling in or near Tornadoes Experiment (TWISTEX) team were tracking a tornado in Tornado Alley. They watched as the tornado changed course and headed directly for them. The team quickly released a tornado measuring device and then quickly drove away.

Identifying and Describing the Problem

National Geographic:
What inspired you to study severe storms, specifically tornadoes?

Tim Samaras: It all started when I was about six years old and I saw the fantastic tornado in *The Wizard of Oz*. In the movie, the whirling, twisting tornado picked up the entire house—Dorothy and Toto, included! I became fascinated with tornadoes from then on. Later in life, I began to chase storms in Tornado Alley. Now, studying severe storms is my passion. I find each new storm to be as fascinating as the first.

Tim Samaras tracks an oncoming storm from the inside of the TWISTEX truck.

NG: Why do you study tornadoes?

Tim Samaras: Tornadoes are fascinating, but dangerous. They don't just pick up houses and drop them off in the merry old Land of Oz. Tornadoes cause destruction. People lose their homes, sometimes their lives. I'm saddened when this happens. So I want to study tornadoes and research ways to help people better prepare before a storm hits.

When we know more about tornadoes, we will be able to make more accurate warnings. Right now, there are too many false alarms. This makes people less likely to seek shelter. Current warnings only average a slim 13 minutes. By understanding tornadoes better, we can warn people earlier. Every additional second of warning can save lives.

Engineering Solutions

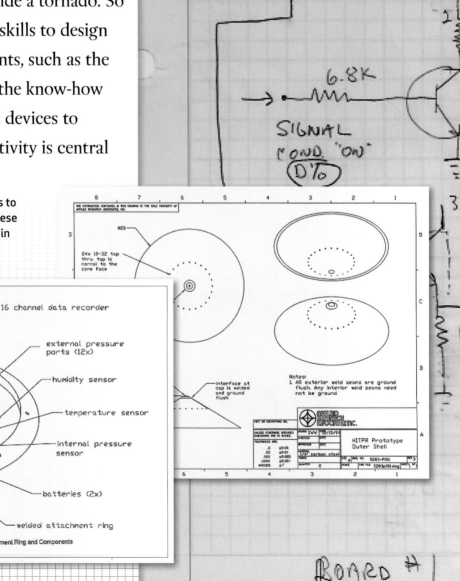

National Geographic: In what ways do you use engineering skills in your research?

Tim Samaras: There isn't any tool or measuring device you can buy at the store to take measurements inside a tornado. So I use engineering skills to design weather instruments, such as the Turtle. So having the know-how and skills to build devices to measure storm activity is central to my work.

Tim uses engineering skills to develop research tools. These drawings show Tim's work in designing the Turtle.

- 1/8" mounting plate
- 16 channel data recorder
- external pressure ports (12x)
- humidity sensor
- temperature sensor
- internal pressure sensor
- batteries (2x)
- welded attachment ring

Three-Dimensional View Showing Attachment Ring and Components

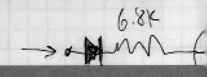

6.8K

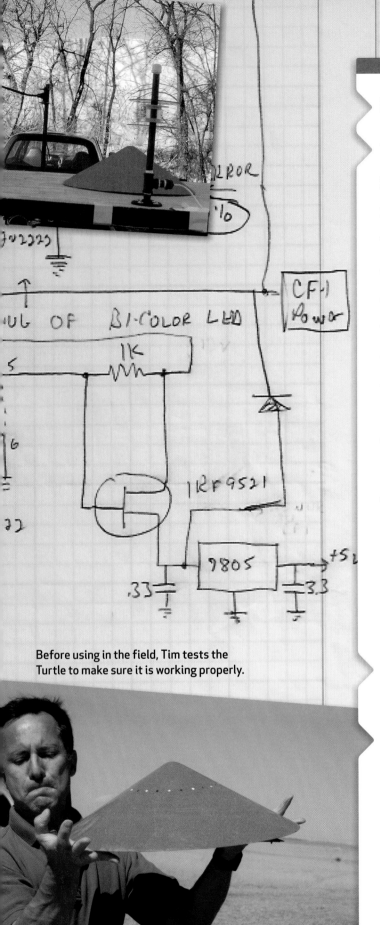

₁2ROR

'₁₀

CF-1
Power

₁UL OF BI-COLOR LED

1K

S

₁6

1RF9521

₁₁

9805

+5

.33

3.3

Before using in the field, Tim tests the
Turtle to make sure it is working properly.

NG: What is the Turtle?

Tim Samaras: The Turtle is the name of the tornado measuring device I developed when I began my research. The outside cover that protects the device looks like the shell of a turtle, but it's red. Inside there are tools to measure wind speed and direction, air pressure, and other elements of a storm. There is also a video camera to take pictures inside a tornado. Technology is an important part of my research. Together, all these tools collect the data I need to better understand storms and how tornadoes develop.

NG: What can students do to develop engineering skills?

Tim Samaras: The best thing to do is to take science and math classes in school. These will help you learn the skills needed for engineering. Also, ask questions about how things are made. Be creative! Think about new ways to solve problems.

Designing and Improving Solutions

National Geographic:
Could you describe how your ideas have changed and improved?

Tim Samaras: Take a look at my truck. It looks like a vehicle ready to explore Mars. My truck and all the tools attached to it are a product of the development of my ideas. Each new tool represents a new idea that has changed over all the years I've been researching storms.

The advancement of technology plays a big part in designing better instruments and finding new scientific information. If you can believe it, I once traveled across Tornado Alley without even a mobile phone! Now the inside of my truck looks more like the cockpit of an airplane than a normal truck.

NG: What are your future plans in storm research?

Tim Samaras: There is much to do! Not only are we trying to collect data from the inside of tornadoes, but we're also trying to better understand the thunderstorms that create tornadoes. So we are focusing on developing new technology to collect data from the thunderstorm itself before, during, and after a tornado.

The TWISTEX truck has numerous weather tools and measuring devices mounted to it. Many of the tools were designed and developed by Tim.

Results

National Geographic: What do you do with the data you collect about storms?

Tim Samaras: The data I collect is only a small piece of the puzzle. Hopefully, it will add to our understanding of tornadoes, but I don't work alone. There are many other scientists working to understand how tornadoes form. It takes the hard work of all these scientists to find solutions so we can improve our ability to forecast tornadoes quickly. Scientists share their findings by publishing scientific papers for other scientists to review and discuss. This process is called **peer review.** Sometimes the work of one scientist will inspire others to develop new experiments, collect new data, and maybe find a new solution. Science really can be exciting!

NG: What would you suggest to students who are interested in severe weather?

Tim Samaras: Learn as much as you can about weather. There are many colleges and universities that have active tornado research programs that allow students to participate at all levels. Most of all, keep your focus on what you want to do! Sometimes schoolwork can become very difficult. Keep at it, and you will do great!

As a severe storms researcher, Tim Samaras made many new discoveries about tornadoes. He also wanted very much to inspire students just like you to study science and do scientific research. Through Tim's work, he believed he could inspire the next severe storms researcher. Perhaps that person is you!

Tim tracks oncoming storms from satellite maps inside the TWISTEX truck. The outside of the truck has a variety of weather-measuring devices to record changes in the storms.

Check In What other questions would you ask a severe storms researcher?

TIM'S TIPS FOR STAYING SAFE

by Tim Samaras

The most important part of my job as a severe storm researcher is to help people stay safe from severe storms, such as tornadoes. By collecting more data about tornadoes, I hope to be able to give earlier and more accurate warnings. Many more lives will be saved if more warning time is given before a tornado actually strikes.

Do you know the difference between a **tornado watch** and a **tornado warning**?

TORNADO WATCH

A TORNADO WATCH means weather conditions are right for a tornado to form in your area. Watch for signs of a tornado and be alert in case a tornado warning is issued.

TORNADO WARNING

A TORNADO WARNING means a tornado has been sighted and you may be in danger. When a warning is given, seek shelter immediately!

DURING A TORNADO

Have a plan and practice it with your family. If you have a storm shelter, use it. If not, follow these steps.

IF THERE IS A BASEMENT in the building you're in, go there. A basement is one of the safest places you can be during a tornado. Get under a heavy piece of furniture.

IF THERE ISN'T A BASEMENT, go to a bathroom or other room without windows on the lowest level of the building. If there is a bathtub, get inside it. Protect your head with your arms.

IF YOU'RE IN A MOBILE HOME, get out and seek shelter in a permanent building. Most mobile home parks have a tornado shelter. Know where the shelter is and go there immediately!

IF YOU'RE IN YOUR CAR OR OUTSIDE, do not try to outdrive or outrun a tornado. Seek shelter in a permanent building. If you are in an open area with no shelter, seek shelter in a ditch or other low area.

When you hear a tornado warning, you need to take action. Following the rights steps may just save your life.

Underground storm shelters are common in some areas of the United States, especially throughout Tornado Alley. Such underground shelters provide protection from tornadoes and other severe storms.

Check In Describe the steps you should follow to stay safe from a tornado.

Discuss

1. How does the information you read about in the interview with Tim Samaras relate to the other selections?

2. What new ideas or concepts about tornadoes did you learn about from this book?

3. In what ways do you think science, technology, engineering, and math are related in understanding severe storms better?

4. What are some things you could do to stay safe in the event of a tornado?

5. What other questions do you have about tornadoes? Where could you find answers to your questions?